# Afghanische Küche

Rostam Nazari

Rostam Nazari

# Afghanische Küche

## Einfach und lecker orientalisch kochen mit Rostam

DeBehr

Herausgeber: Verlag DeBehr, Radeberg
Erstauflage: 2021
ISBN: 9783957538611

# Inhalt

# Nationalgericht

*Für ca. 3 Personen*

Zutaten:

2 Karotten

100 g Rosinen

200 g Lamm- oder Rinderfleisch

300 g Reis

2 kleine Zwiebeln

15 Esslöffel Öl (Olive, Sonnenblumen)

Salz

Pfeffer

Wasser

Fürs Topping:

Eingelegtes Gemüse

Petersilie

Nach Belieben:

Joghurt

Pfefferminz (getrocknet)

Zitrone, Salz

Karotten in kleine (3 cm) Stücke schneiden und dann in 3 Esslöffeln Öl anbraten. Rosinen hinzugeben, sowie 5 Esslöffel Öl und zusammen anbraten.

7 Esslöffel Öl in einem Extratopf erhitzen und das Fleisch anbraten. Gewürfelte Zwiebeln hinzugeben. 200 ml Wasser

hinzugeben und 10 Minuten auf mittlerer Stufe kochen. Mit Salz und Pfeffer würzen.

Reis eine halbe Stunde in lauwarmem Wasser einlegen. Wasser wegschütten und den Reis zu den restlichen Zutaten hinzugeben. Gesamte Zutaten sollten einen Zentimeter unter dem Wasser sein und kochen lassen in höchster Stufe, bis das Wasser verkocht ist. Anschließend einmal umrühren und die Hitze auf niedrigster Stufe 20 Minuten kochen lassen.

Getrocknete Pfefferminze in Joghurt eine halbe Stunde vor Verzehr zugeben.

„Nachdem ich mein Heimatland Afghanistan verlassen habe, habe ich dieses sehr bekannte Nationalgericht für mich entdeckt.“

# Auberginen-Eintopf, schnelle Zubereitung

*Für ca. 3 Personen*

Zutaten:

500 g Auberginen, geschält, die Enden entfernt, der Länge nach halbiert und auf der Schneidefläche der Länge nach in ½ cm dicke Scheiben geschnitten

500 g Kartoffeln, festkochend, geschält und in ½ cm dicke Scheiben geschnitten

500 g Tomaten, grob gewürfelt

200 g Zwiebeln, geschält und gewürfelt

2 Knoblauchzehen, durch Knoblauchpresse gedrückt oder fein gehackt

Tomatenmark

1 Chilischote (die Größe kann je nach Geschmack ausgewählt werden), in dünne Ringe geschnitten

Pflanzenöl, welches sich zum Braten eignet

1 Zitrone

Salz

gemahlener schwarzer Pfeffer

Paprikapulver rosenscharf

Zuerst 15 Esslöffel Sonnenblumenöl in einem ausreichend großen Topf auf höchster Stufe erhitzen. Gewürfelte Zwiebel, den Knoblauch und die Chili in den Topf geben und zusammen unter gelegentlichem Rühren anbraten lassen, bis die Zwiebel Farbe bekommt. Dann 2 Esslöffel Tomatenmark dazugeben und verrühren, bis sich alles miteinander vermischt hat. Den Topf mit einem Deckel verschließen und schmoren lassen, zwischendurch umrühren.

Nun die Auberginen- und Kartoffelscheiben zusammen mit den gewürfelten Tomaten in den Topf geben. Zudem 2 Teelöffel Salz, jeweils 1 Teelöffel Paprikapulver und Pfeffer und den Saft ½ Zitrone hinzugeben und alles vorsichtig miteinander vermengen. Das Kochfeld auf mittlere Hitze stellen, den Topf mit einem Deckel verschließen und alles köcheln lassen. Alles im 2-3-Minuten-Abstand umrühren und am Topfboden Angebratenes abkratzen (Dieser Bratvorgang ist erwünscht, da sich so die Aromen entwickeln.). Immer wieder mit dem Deckel verschließen. So lange köcheln lassen, bis die Kartoffeln gar sind.

Zu dem Auberginen-Kartoffel-Eintopf können Joghurt (eine vegane Pflanzenjoghurt-Alternative ist möglich), Zitronenscheiben und arabisches Fladenbrot gereicht werden.

# Auberginen-Eintopf mit Salat, lange Zubereitung / erweiterte Version

*Für 3 Personen*

Zutaten:

500 g Auberginen, geschält, die Enden entfernt, der Länge nach halbiert und auf der Schneidefläche der Länge nach in 1 cm dicke Scheiben geschnitten

500 g Kartoffeln, festkochend, geschält und in 1 cm dicke Scheiben geschnitten

150 g Zwiebeln, geschält und grob gewürfelt

2 Knoblauchzehen, durch Knoblauchpresse gedrückt oder fein gehackt

1 Chilischote (die Größe kann je nach Geschmack ausgewählt werden), in dünne Ringe geschnitten

1 Dose gehackte Tomaten

Tomatenmark

Pflanzenöl, welches sich zum Braten eignet

Gewürze: Salz, gemahlener schwarzer und weißer Pfeffer,

Paprikapulver rosenscharf

Ausreichend Öl zum Frittieren in einer großen beschichteten Pfanne auf höchster Stufe erhitzen (Wenn verfügbar, kann auch eine Fritteuse verwendet werden.). Der Boden der Pfanne sollte mindestens 2 cm mit Öl bedeckt sein (Nach Bedarf Öl nachschütten). Nach und nach die Auberginenscheiben in heißem Öl frittieren, bis sie mittelbraun sind. Die fertigen Auberginenscheiben aus der Pfanne nehmen und zum Abtropfen in ein Sieb legen. Die Kartoffelscheiben ebenfalls, bis sie gar sind, frittieren und zum Abtropfen in das Sieb legen.

Im Anschluss die gewürfelten Zwiebeln aus höchster Stufe anbraten, bis sie Farbe bekommen (Die eben verwendete Pfanne kann hierzu verwendet werden, jedoch nicht mit derselben Ölmenge, sondern mit 5 EL Öl). Dann die Dose gehackte Tomaten hinzugeben, auf halbe Hitze stellen, umrühren und ca. 5 Minuten köcheln lassen. Nun die frittierten Auberginen- und Kartoffelscheiben ebenfalls zurück in die Pfanne geben und alles mit 2 Teelöffeln Salz, jeweils 1 gestrichenen Teelöffel weißen und schwarzen Pfeffer und 1 Teelöffel Paprikapulver würzen, den Knoblauch hinzugeben und alles vorsichtig verrühren. Das Auberginen-Kartoffel-Gemisch ist nach weiteren ca. 5 Minuten servierbereit.

*Servier-Tipp: / Anmerkung: / Idee:*

Zu dem Auberginen-Kartoffel-Eintopf können Joghurt (vegane Pflanzenjoghurt-Alternative möglich), Zitronenscheiben und arabisches Fladenbrot gereicht werden.

# Afghanische Nudeln

*Für 3 Personen*

Zutaten:

500 g Nudeln

2 mittelgroße Kartoffeln

1 mittelgroße Zwiebel

1 Knoblauchzehe

300 g Tomatendose in eigenem Saft

50 g Soja

1 arabisches Brot

8 Esslöffel Öl

Gewürze: Kurkuma, Salz, Pfeffer

Soja in warmem Wasser einweichen (15 min), in einer Pfanne 6 Esslöffel Öl erhitzen, Kartoffeln würfeln und in die Pfanne geben, Zwiebeln und Knoblauch würfeln und in die Pfanne geben, Soja sieben und dazugeben, Tomaten hinzu, 5-10 min köcheln lassen, Gewürze dazu. Nudeln hart kochen, nach dem Ausgießen 2 Esslöffel Öl in den Nudeltopf geben und Brot, Nudeln und Soße 10 min köcheln lassen.

„Das ist mein Lieblingsnudelgericht aus meinem Heimatland.“

# Fleischloses Kotelett

*Für 3 Personen*

Zutaten:

4 mittelgroße Kartoffeln

Öl zum Anbraten

1 mittelgroße Zwiebel

2 Knoblauchzehen

200 g gehackte Tomaten (Dose, eigener Saft)

3 Eier

2 Esslöffel Mehl

Salz, Pfeffer und Kurkuma

Kartoffeln, Knoblauch und Zwiebeln in eine Schale reiben, Mehl, Eier und Gewürze dazu geben und gut mischen. Pfanne mit Öl vorheizen und einen Esslöffel von der Menge nehmen und braten, bis das Kotelett goldbraun ist.

Als kleines Kind habe ich dieses Gericht nicht gerne zubereitet, habe aber das Essen geliebt.

# Bandari-Sandwich

*Für 3 Personen*

Zutaten:

3 mittelgroße Kartoffeln

200 g Wurst

1 kleine Zwiebel

1 kleine Knoblauchzehe

10 Esslöffel Öl

100 g gehackte Tomaten im eigenen Saft

Salz, Pfeffer und Kurkuma

Kartoffeln anbraten, Wurst hinzufügen, Zwiebel und Knoblauch hinzufügen, Tomate dazu und Gewürze dazu geben.

Wird mit Brot gegessen.

„Wenn ich keine Lust hatte, erst in eine Imbissbude zu gehen, habe ich dieses Gericht gekocht."

# Iranische Salat-Variante

*Für 3 Personen*

Zutaten:

2 kleine Tomaten

2 kleine Salatgurken

1 Möhre

100 g Weißkohl

3 Esslöffel Mayonnaise

2 Esslöffel Joghurt

Salz

1 Teelöffel Zitronensaft

Dressing aus Mayonnaise, Joghurt, Zitronensaft und Salz mischen, Gurkenscheiben schneiden, Karotte reiben, Weißkohl kleinschneiden, Tomate schneiden und alle Zutaten mischen.

„Wenn wir Jungs allein im Haus waren, habe ich diesen Salat gemacht."

# Dorr

*Für 3 Personen*

Zutaten:

500 g Joghurt

1 kleine Gurke

Etwas getrocknete Pfefferminze

300 ml Wasser

Salz

Der Joghurt wird mit dem Wasser vermischt, Pfefferminze wird hinzugegeben und die Gurke wird reingerieben, nach Geschmack Salz hinzugeben. 10-15 Minuten ziehen lassen und genießen.

„Mein Lieblings-Sommergetränk."

# Hähnchenbrust-Kebab

*Für 3 Personen*

Zutaten:

800 g Hähnchenbrust

2 Tomaten

Salz, Pfeffer und Kurkuma

15 Strähnen Safran

1 Zwiebel

1 Esslöffel Joghurt

1 Esslöffel Mayonnaise

1 Esslöffel Zitronensaft

Hähnchen portionieren, Zwiebel würfeln und dazugeben. Salz, Pfeffer, Kurkuma, Joghurt, Zitronensaft, Mayonnaise und Safran dazugeben und 30 min. - 24 h einwirken lassen. Tomaten halbieren, salzen und getrennt vom Fleisch grillen.

Dieses Gericht durfte ich nur selten kosten, dafür war es dann umso köstlicher.

# Lamm-Kebab

*Für 3 Personen*

Zutaten:

1 kg Lammnacken

1 Zwiebel

2 Tomaten

1 Esslöffel Zitronensaft

1 Esslöffel Mayonnaise

Salz, Pfeffer und Kurkuma

15 Strähnen Safran

Lammnacken portionieren, Zwiebel würfeln und dazugeben. Salz, Pfeffer, Kurkuma, Zitronensaft, Mayonnaise und Safran dazugeben und 30 min. - 24 h einwirken lassen. Tomaten halbieren, salzen und getrennt vom Fleisch grillen.

Dieses Gericht gab es bei jedem Opferfest.

# Kadoo

*Für 3 Personen*

Zutaten:

3 Zucchini

2 Zwiebeln

3 frische Tomaten/Dosentomaten

2 Knoblauchzehen

5 Esslöffel Öl

Salz, Pfeffer und Kurkuma

Öl in einer Pfanne erhitzen, Zwiebeln und Knoblauchwürfel anbraten, Zucchini schälen und portionieren und auch in die Pfanne geben. Tomaten würfeln und in die Pfanne geben, Gewürze hinzufügen. Pfanne abdecken und 20 min. auf mittlerer Stufe köcheln lassen und zwischendurch umrühren.

Dieses Gericht hat es zu Hause manchmal kompliziert gemacht, da einige die Zucchini liebten und andere sie hassten.

# Banjan

*Für 3 Personen*

Zutaten:

3 Auberginen

2 Kartoffeln

2 Zwiebeln

3 frische Tomaten/Dosentomaten

2 Knoblauchzehen

5 Esslöffel Öl

Salz, Pfeffer und Kurkuma

Öl in einer Pfanne erhitzen, Kartoffeln, Zwiebeln und Knoblauch würfeln und anbraten, Auberginen schälen und in Scheibchen schneiden und auch in die Pfanne geben, Tomaten würfeln und dazugeben, letztendlich Gewürze hinzufügen und die Pfanne abdecken und bei mittlerer Hitze 20 min köcheln lassen, zwischendurch umrühren.

Alle mochten die Auberginen.

# Bamya

*Für 3 Personen*

Zutaten:

300 g Okraschoten

2 Kartoffeln

1 Zwiebel

2 frische Tomaten

1 Knoblauchzehe

Salz, Pfeffer und Kurkuma

10 Esslöffel Öl

Öl in einer Pfanne erhitzen, Okraschoten anbraten, bis sie nicht mehr klebrig sind. Kartoffeln, Knoblauch und Zwiebeln würfeln und dazugeben. Nach drei Minuten gewürfelte Tomaten hinzugeben, Gewürze hinzugeben und 10-15 min braten lassen und umrühren.

Das Gericht mit meinem Lieblingsgemüse.

# Omelette

*Für 3 Personen*

Zutaten:

7 Eier

4 Esslöffel Öl

1 kleine Zwiebel

1 frische, grüne Chili

2-3 Esslöffel Tomatenmark

Salz, Pfeffer

Zwiebeln in Öl anbraten, kurz danach Chili hinzugeben, danach Tomatenmark hinzugeben sowie Salz und Pfeffer. Die Eier in die Pfanne geben und auf niedriger Stufe mit geschlossenem Deckel 7-8 min köcheln.

„Wenn man nach Hause kommt und keine große Lust hat, lange zu kochen, ist dieses Gericht perfekt.“

# Salat

Zutaten:

½ Gurke

2 kleine Zwiebeln

3 frische Tomaten

½ Zitrone

1 grüne Chili

Salz und Pfeffer

Gurke, Tomaten und Zwiebeln in Würfel schneiden und mischen. Mit Salz, Pfeffer und Zitronensaft nach Belieben würzen. Chili nach Wunsch. Den Salat 10 Minuten ziehen lassen und dann servieren.

„Dieser Salat ist die liebste Vorspeise meines Vaters.“

# Khoresht Polo

*Für 3 Personen*

Zutaten:

300 g Reis

20 g Berberitze

0,5 g Safran

Für die Soße

15 Esslöffel Öl

200 g gelbe Linsen

50 g Fleisch (Rind, Kalb, Lamm)

1 große Kartoffel

1 mittelgroße Zwiebeln

1 getrocknete Zitrone

½ Dose Tomaten

Salz, Pfeffer, Kurkuma

Reis waschen und dann 10-15 min in lauwarmes Wasser einlegen. Berberitze waschen und 15 Minuten in lauwarmes Wasser einlegen. Reis kochen, aber nicht ganz durch, dann absieben. 50 g Reis in einen anderen Topf geben, dazu 5 Esslöffel Öl und alles mit geschlossenem Deckel 15 Minuten kochen lassen. In einer anderen Pfanne 5 Esslöffel Öl erhitzen und die Berberitze leicht anbraten und 0,5 g Safran wie in einem Tee ziehen lassen und dazugeben. Die 50 g Reis hinzugeben und mit den anderen Zutaten kochen lassen.

Für die Soße zuerst die gelben Linsen waschen und 15 Minuten in heißem Wasser einlegen. In einem Topf 5 Esslöffel Öl erhitzen, das Fleisch in kleinen Stücken anbraten. Anschließend die Zwiebeln anbraten und dann die Tomaten dazugeben. Salz, Pfeffer, Kurkuma und getrocknete Zitrone dazugeben. Danach gemeinsam mit den Linsen und nach Bedarf Wasser mindestens eine halbe Stunde kochen lassen. Die Kartoffel in längliche Stücke schneiden und dazugeben. Wenn diese durch ist, kann das Gericht serviert werden.

„Dieses Gericht haben wir gerne bei unseren iranischen Freunden gegessen.“

# Single-Bohnen

*Für 3 Personen*

Zutaten:

1-2 Dosen rote Chilibohnen

2 kleine Zwiebeln

1 scharfe, grüne Chili

Salz, Pfeffer,

1 Messerspitze Kurkuma

1 Dose Tomatenstückchen

Öl in einem Topf erhitzen, Zwiebeln anbraten, Chilibohnen dazugeben und mit einer halben Dose Tomaten kochen lassen. Mit Chili, Pfeffer, Salz und Kurkuma würzen und 5-7 Minuten auf mittlerer Stufe kochen lassen.

"Dieses Gericht habe ich in meiner ersten WG in Marburg entdeckt."

# Faselie

*Für 3 Personen*

Zutaten:

300 g grüne Bohnen

5 Esslöffel Öl

100 g Hackfleisch

½ Dose Tomaten gestückelt

1 Zwiebel

1 Knoblauchzehe

Kurkuma

Salz, Pfeffer

Das Hackfleisch in einer Pfanne mit 5 Esslöffeln Öl anbraten. Zwiebel und Knoblauch hinzugeben. Anschließend die Tomaten, Salz, Pfeffer und Kurkuma dazugeben. Die grünen Bohnen kleinschneiden und untermischen. Mit Wasser 30 bis 60 Minuten kochen lassen.

„Dies ist das Lieblingsgericht meiner Mutter.“

# Shorwa

*Für 3 Personen*

Zutaten:

10 Esslöffel Öl

400 g Lammfleisch

3 Kartoffeln

2 Zwiebeln

1-2 Knoblauchzehen

3 frische Tomaten oder 1 Dose stückige Tomaten

Salz, Pfeffer, Chili

Wasser

Die 10 Esslöffel Öl in einem großen Topf erhitzen. Das Fleisch dazugeben, anbraten, dann die Zwiebeln anbraten. Anschließend die Tomaten hinzugeben. Kartoffeln schälen, halbieren und dazugeben. Warmes Wasser hinzugeben, mit Salz, Pfeffer und Chili würzen. Auf höchster Stufe kochen, bis das Fleisch durch ist.

Nach Belieben mit Brot servieren.

"Diese Suppe war das Lieblingsessen unserer Familie in Afghanistan.

# Köfta

*Für 3 Personen*

Zutaten:

500 g Hackfleisch

4 mittelgroße Zwiebeln

2 Knoblauchzehen

3 Eier

1 Dose gehackte Tomaten

1 frische Chili-Schote

1 Esslöffel Öl

Salz, Pfeffer

1 Messerspitze Kurkuma

Die zwei Zwiebeln und den Knoblauch reiben (alternativ auch pressen). Beides mit dem Hack vermischen und nach Bedarf mit Salz und Pfeffer würzen. Die drei Eier hart kochen (ca. 10 min.) und anschließend schälen. In der Zeit die Chili kleinhacken. Die Eier mit der Fleischmasse umwickeln und fest andrücken.

Öl in der Pfanne erhitzen, anschließend die Fleischbällchen in der Pfanne bei hoher Hitze leicht anbraten, die beiden anderen Zwiebeln und gehackte Chili hinzugeben und anbraten. Tomatenstücke hineingeben und mit Pfeffer, Salz und Kurkuma je nach Bedarf würzen.

200-400 ml Wasser hinzufügen und alles für 30/40 Minuten köcheln lassen.

Anschließend servieren und es sich schmecken lassen.

„Dieses Gericht konnte ich in meinem Heimatland nur selten zubereiten und essen, da die Zutaten zu hochpreisig waren.“

# Ghormeh

*Für 3 Personen*

Zutaten:

600 g Hähnchen(-flügel)

2 Zwiebeln

2 Knoblauchzehen

1 Chili-Schote

1 Kartoffel

1 Dose gehackte Tomaten

10 Esslöffel Öl

Salz, Pfeffer

1 Messerspitze Kurkuma

Das Fleisch waschen und anschneiden. Öl in einem Topf erhitzen und das Fleisch im Topf leicht anbraten. Zwiebeln, Knoblauch und Chili würfeln und in den Topf geben, leicht anbraten. Die Kartoffel in Würfel schneiden. Anschließend die gewürfelte Kartoffel und die Tomatenstücke hinzugeben. 200-300 ml Wasser hineingeben und nun ca. 30 Minuten auf mittlerer Hitze köcheln lassen. Je nach Bedarf mit Salz, Pfeffer und Kurkuma würzen.

"Als ich klein war und harte Arbeiten verrichten musste, bekam ich dieses Gericht als Belohnung von meiner Mutter, um neue Energie tanken zu können."

# Golpie

*Für 3 Personen*

Zutaten:

500 g Blumenkohl

2 Zwiebeln

1 Knoblauchzehe

1 Dose gehackte Tomaten

5 Esslöffel Öl

Salz, Pfeffer

1 Messerspitze Kurkuma

Öl in einem Kochtopf erhitzen, Zwiebeln und Knoblauch würfeln und anbraten/anschwitzen, Tomaten hinzufügen. Anschließend die Blumenkohlröschen hineingeben. 100 ml Wasser dazugeben und nun 30 Minuten bei mittlerer Hitze köcheln lassen. Je nach Bedarf mit Salz, Pfeffer und Kurkuma würzen.

„Meine Eltern mochten dieses Gericht, aber wir als Kinder damals leider eher weniger. Das ist jetzt anders."

# Golpie-Ba-Gosht (mit Fleisch)

*Für 3 Personen*

Zutaten:

100 g Hackfleisch (Rind oder auch alternativ Lamm)

500 g Blumenkohl

2 Zwiebeln

1 Knoblauchzehe

5 Esslöffel Öl

1 Dose gehackte Tomaten

Salz, Pfeffer

1 Messerspitze Kurkuma

Öl in einem Topf erhitzen und das Hack anbraten. Zwiebeln und Knoblauch würfeln und anbraten/anschwitzen, Tomaten hinzufügen. Anschließend die Blumenkohlröschen hineingeben. 100 ml Wasser dazugeben und nun 30 Minuten bei mittlerer Hitze köcheln lassen. Je nach Bedarf mit Salz, Pfeffer und Kurkuma würzen.

„In unserer Familie geht nichts über Fleisch, deswegen hat meine Mutter etwas an dem Golpie-Rezept rumgespielt und Fleisch hinzugefügt, damit wir Kinder es essen. Und so wurde es unser Lieblingsessen."

# Banjan

*Für 3 Personen*

Zutaten:

400 g Auberginen

2 Kartoffeln

2 Zwiebeln

1 Knoblauchzehe

1 Dose gehackte Tomaten

5 Esslöffel Öl

Salz, Pfeffer

1 Messerspitze Kurkuma

Öl in einem Top erhitzen, Zwiebeln und Knoblauch würfeln und anbraten. Kartoffeln in Scheiben schneiden und Aubergine schälen, ebenfalls in Scheiben schneiden. Beides in den Topf geben. Gehackte Tomaten und 100 ml Wasser hinzufügen, nun alles 20 Minuten kochen lassen. Je nach Bedarf mit Salz, Pfeffer und Kurkuma würzen.

„Im Sommer war dieses Gericht unser Standard-Gericht. Wir haben es mindestens einmal in der Woche zusammen gegessen.“

# Ghormeh Gosht

*Für 3 Personen*

Zutaten:

500 g Pute

2 Zwiebeln

2 Kartoffeln

1 grüne Chili-Schote

5 Esslöffel Öl

1 Dose gehackte Tomaten

Salz, Pfeffer, Kurkuma

Das Öl in einem Topf erhitzen. Pute in kleine Stückchen schneiden und dazugeben. Das Fleisch anbraten, Zwiebeln in Würfel schneiden und ebenfalls anbraten. Kartoffeln in Würfel schneiden und hinzugeben. Anschließend die Dose gehackte Tomaten und mit 200 ml Wasser eine halbe Stunde auf mittlerer Hitze kochen lassen. Mit Salz, Pfeffer, Kurkuma und der grünen Chili nach Belieben abschmecken.

„Dieses Gericht wurde gerne während Ramadan gegessen."

# Über den Autor

Ich heiße Rostam Nazari, bin im Jahr 2000 geboren und habe in meinem jungen Alter schon viel erlebt. Ich komme ursprünglich aus Afghanistan, lebte lange im Iran und wohne jetzt in der Kleinstadt Marburg.

Ich bin nun seit 2017 im Bereich Elektrotechnik tätig.

Zu meinen bisherigen Projekten zählen:

Mein erstes Buch *Rostams Reise – Von Afghanistan nach Deutschland*, welches 2018 veröffentlicht wurde und mein gemeinnütziger Verein *Kosmos e. V.*, den ich anschließend in 2020 gegründet habe.

Als ich neun Jahre alt war und das Kochen gelernt habe, war meine Oma sehr alt und meine Schwester sehr klein, sodass beide auf Hilfe angewiesen waren. Meine Mutter schaffte es nicht, alles alleine zu bewältigen. Da musste ich meiner Mutter sehr viel helfen und so lernte ich, wie sie kochte. Ich war ungefähr ein Jahr lang eine "Hausfrau" und sagte sehr oft zu meiner Mutter, dass kein Kind diese Rolle übernehmen sollte. Es war anstrengend.

Ich wollte meine Kochkunst weitergeben und mit vielen Menschen zusammenkommen und kochen. Es war für mich eine sehr große Ehre, dieses Projekt gestalten zu können. Seit 2016 koche ich für Hochzeiten, Geburtstagspartys, Partys, Familienabende usw. Es ist für mich eine Bereicherung und ich habe unglaublich gute Erfahrungen gesammelt. Deswegen bedanke ich mich herzlich bei euch allen!

Die Menschen müssen zusammenhalten, denn eine Hand alleine kann nicht klatschen.

Ich wünsche allen einen guten Appetit!

Euer Rostam

## Mehr über Rostam Nazari bei DeBehr

… Meine Eltern sagten: "Wir gehen in zwei Wochen nach Deutschland. Wir verkaufen alle unsere Sachen." Wir haben gefragt, wie sie auf diese Idee gekommen sind. Mein Vater antwortete: "Ich habe die Idee seit ungefähr acht Jahren in meinem Kopf. Ich will, dass meine Kinder etwas lernen. Und im Iran haben wir keine Hoffnung mehr." … Im Februar 2000 wurde Rostam Nazari in Sorabi, einem Ort in Afghanistan, geboren und lebte bis zum siebten Lebensjahr dort. Das Leben in Afghanistan war nicht einfach. Die Familie flüchtet gemeinsam in den Iran. Als er 15 Jahre alt ist, macht sich seine Familie, bestehend aus 13 Personen, auf den Weg nach Europa, doch sie werden es nicht gemeinsam schaffen. Der junge Autor berichtet in seinem Erstlingswerk über sein Geburtsland Afghanistan, die Flucht in den Iran und seinen langen, gefahrvollen Weg nach Deutschland sowie sein Leben hier, stets auf der Suche nach Bildung, Frieden und Freiheit. Erst in Deutschland lernte Rostam Nazari Lesen und Schreiben. Mit einem Vorwort von Lukas Erler.

*Taschenbuch mit 274 Seiten, Preis: 12.95€,*
*ISBN: 9783957535269*